"JAVASCRIPT DOMINANTE: DESCUBRIENDO EL PODER DE LA MEJORA WEB"

Contenido

4

5

Introducción:

Entender brevemente qué es JavaScript y su importancia en la mejora web.

Considere el grupo de interés ideal, que son los jóvenes prácticamente sin experiencia en programación.

JavaScript es una parte esencial de la mejora web actual y juega un papel importante en la mejora de la inteligencia y la utilidad de los sitios web. Como ensayista y autor que se dirige especialmente a principiantes con experiencia limitada en programación, es esencial proporcionar una explicación sensata y concisa de JavaScript.

JavaScript es un lenguaje de programación flexible que se utiliza para crear componentes dinámicos e intuitivos en sitios web. A diferencia de HTML y CSS, que son esencialmente responsables de organizar y diseñar el contenido web, JavaScript ha dado a las páginas un mayor comportamiento. Le permite crear aspectos destacados como controles deslizantes de imágenes, aprobaciones de estructuras y guías intuitivas, lo que hace que los sitios web sean extremadamente atractivos y fáciles de entender.

Para los principiantes en el campo del desarrollo web, JavaScript es un nivel de entrada excepcional debido a su puntuación fácil de entender y su gran cantidad de recursos en línea. Su importancia no podría ser más significativa, ya que permite a los diseñadores rejuvenecer las páginas de sitios web estáticos y crear una experiencia de cliente más vibrante y conectiva.

En esta guía enfocada a los jóvenes, profundizamos en JavaScript, examinando sus ideas esenciales, estructura lingüística y aplicaciones útiles. Con el tiempo, tendrá una base sólida para comenzar a integrar JavaScript en sus proyectos de mejora web y hacer que sus sitios web sean más potentes y atractivos para su audiencia.

Haz que todo se mueva con JavaScript

¿Qué es JavaScript?

Configuración de un entorno de mejora (editor de código y programa).

Su programa JavaScript más importante: "¡Hola, mundo!"

JavaScript es un lenguaje de programación adaptable y muy sofisticado que desempeña un papel crucial en la mejora web. Como autor y editor, lo encontrará particularmente importante cuando trabaje en su sitio web y contenido en línea. Deberíamos profundizar en los matices de cómo hacer que todo funcione con JavaScript.

¿Qué es JavaScript?

JavaScript es un lenguaje de programación traducido obvio que es mejor conocido por agregar más instinto a los locales. Se utiliza comúnmente la creación de aplicaciones web dinámicas y responsivas. JavaScript tiene cierto control sobre el contenido de una página, se encarga de los esfuerzos colectivos del cliente e incluso se comunica con los servidores en segundo plano. Su adaptabilidad la convierte en una herramienta fundamental para la mejora web actual.

Establecer un entorno de mejora

Antes de poder comenzar a crear código JavaScript, necesita un entorno de desarrollo significativo. Usted necesita que:

Administradores de código: puede explorar un grupo de editores de código, como Visual Studio Code, Splendid Text o Particle. Estos editores brindan funciones de resaltado de estructuras de oraciones, culminación de código y exploración para que su experiencia de codificación sea más agradable.

Navegador: dado que JavaScript se ejecuta en programas web, es importante tener un navegador. Las opciones notables incluyen Google Chrome, Mozilla Firefox y Microsoft Edge. Los creadores suelen utilizar herramientas de programación para probar y examinar su código JavaScript.

Su programa JavaScript más notable: "¡Hola, mundo!"
Deberíamos hacer un esencial "¡Hola mundo!" Inicie el programa en JavaScript. Este loable modelo es el paso fundamental para todo programador:

```javascript
Copiar código
// Crear una capacidad para mostrar un mensaje
capacidad decir Hola() {
alarma( "¡Hola mundo!");
}

// Obtener la capacidad
di hola ( );
```

En este código representamos una habilidad que alude a "saludar" y tiene precaución con el mensaje "¡Hola mundo!" cuando lo llaman. La función sayHello ( ) se llama cerca del final, lo que hace que saltes en tu programa web cuando ejecutas el código.

A medida que continúe su viaje con JavaScript, investigará factores, círculos, anuncios prohibitivos y aplicaciones más confusas. Las capacidades de JavaScript son enormes y puedes usarlo para crear de todo, desde diseños naturales hasta juegos web dinámicos.

Recuerde, como autor y distribuidor, puede utilizar JavaScript para hacer que sus locales sean realmente interesantes y sencillos. Puede crear sustancia visceral, recopilar análisis de clientes y hacer evolucionar toda la experiencia del cliente. Un campeonato importante puede aislar sus diferenciales en línea. **Factores y su uso.**

En JavaScript, los factores son similares a compartimentos que contienen diferentes tipos de información. Son una idea clave en la programación y fundamentales para almacenar y controlar datos. Piensa en ellos como cajas etiquetadas donde puedes guardar cosas.

Para proclamar una variable en JavaScript, use la palabra clave var, let o const seguida del nombre de la variable. Aquí hay un modelo:

javascript

Código duplicado

var edad = 30;// Pronuncia una variable "edad" y dale el valor 30
Puedes cambiar el valor de una variable en cualquier momento:

javascript
Código duplicado
edad = 31;//Actualiza la variable "edad" a 31
Tipos de información en JavaScript

JavaScript admite algunos tipos de información:

Números: Se utiliza para propiedades numéricas, tanto números como decimales.

javascript
Código duplicado
var cost = 19,99;// Una variable de "costo" con un valor numérico
Cadenas: Se utilizan para información impresa encerrada en instrucciones simples o dobles.

javascript
Código duplicado
var nombre = "Alice"; // Una variable 'nombre' con un valor de cadena
Valores booleanos: utilizados para propiedades válidas o falsas.

javascript
Código duplicado
var isStudent = valid;// Una variable "isStudent" con un valor booleano
Objetos expuestos: Se utiliza para almacenar matrices de valores.

javascript
Código duplicado
var productos orgánicos = ["manzana", "plátano", "cereza"]; // Una variedad de cadenas
Objetos: se utilizan para almacenar coincidencias clave de estima y proporcionar una forma organizada de coordinar la información.

javascript
Código duplicado
var individuo = {
Nombre: "Balanceo",
Edad: 25

};

Muestra de nombres de variables

Es importante seguir programas de nomenclatura de factores para crear código limpio y legítimo. Estas son algunas prácticas normales:

Los nombres de las variables deben ser atractivos y mostrar el motivo de la variable.

Utilice "camelCase" para nombres de variables (por ejemplo, "myVariableName") para mejorar aún más la comprensión.

Empiece los nombres de las variables con una letra (AZ o az) o un énfasis (_).

Intente no utilizar palabras fijas o palabras clave (por ejemplo, var, capacidad) como nombres de factores.

Aquí hay un modelo con nombres legítimos:

javascript
Código duplicado
var firstName = "John"; // Nombre de variable ilustrativo usando camelCase
Comprender los factores y los tipos de información es crucial en JavaScript, ya que forma la base para trabajar con información y crear aplicaciones dinámicas. Estas ideas le permiten almacenar, controlar y procesar datos en sus proyectos.

Administradores de malabarismo numérico:

En JavaScript, los administradores de cálculo numérico son los dispositivos centrales para realizar actividades numéricas. Los básicos incluyen expansión (+), deducción

(-), aumento (*) y división (/). Por ejemplo, puede usar + admin para sumar dos números, -- admin para restar, * para incrementar y/o dividir. Aquí hay un modelo:

javascript
Código duplicado
sea a = 5;
sea b = 3;
ser total = a + b; // Esto crea un "agregado" que contiene 8.

Administradores de exámenes: Los administradores de correlación se utilizan para observar los valores. En JavaScript, los normales incluyen equivalentes más prominentes que (>), no exactos (<) y triples (===) para una estricta uniformidad. El administrador > comprueba si el valor de la izquierda es mayor que el de la derecha, < comprueba si es menor y

=== comprueba si son completamente iguales. Por ejemplo:

```javascript
Código duplicado
sea x = 10;
sea y = 5;
seaMayor = x > y; // Esto es válido
```

porque 10 es más importante que 5.

Administradores legítimos:

Los administradores consistentes en JavaScript se utilizan para consolidar o desacreditar palabras. Hay AND legítimo (&&), OR significativo (||) y NOT coherente (!). Se utilizan a menudo en proclamas restrictivas. Aquí hay un modelo:

```javascript
Código duplicado
let tieneDinero = válido;
```

```
let isSunny = engañoso;
dejar irAfuera = tieneDinero && isSunny; // Esto comprueba si las dos circunstancias son válidas antes de salir.
```

Incluir articulaciones en JavaScript:

Las formulaciones de JavaScript son mezclas de valores, factores y administradores que se pueden estimar en un solo valor. Estos son los bloques estructurales para un razonamiento más sorprendente en su código. Por ejemplo:

```javascript
Código duplicado
sea lapso = 5;
let Región = Math.PI * (Span * Range); // Esto calcula el área de
```

un círculo con un área determinada. En resumen, comprender y utilizar estos administradores y articulaciones es crucial para programar en JavaScript. Le permiten realizar cálculos, tomar decisiones y controlar el progreso de su código.

Cualquier aclaración:

Las declaraciones de prohibición son una parte esencial de la programación en JavaScript. Le permiten ejecutar diferentes bloques de código dadas condiciones específicas. Los tipos más importantes son:

if: esta declaración realmente verifica una condición y, si es legítima, ejecuta el código dentro del bloque. Por ejemplo:

javascript
Copiar código
si (condición) {
// Código a ejecutar cuando la condición sea significativa.
}
else if y else: se utilizan para proporcionar bloques de código de

elección cuando la condición básica (o condiciones previas) es falsa.

```javascript
Copiar código
si (condición1) {
// Código a ejecutar cuando la condición1 es significativa.
} más si (condición2) {
// Código a ejecutar si la condición2 es legítima.
} diferente {
// Código a ejecutar cuando no se cumplan las condiciones.
}
```

Explicaciones del cambio:

Los anuncios de cambio son otra estrategia para hacer frente a diferentes condiciones. Son particularmente útiles cuando tienes un valor único que puedes verificar en diferentes casos. Aquí hay un modelo:

```
javascript
Copiar código
cambiar (mirar) {
Caso 1:
// Código para el caso 1
Romper ;
Caso 2:
// Código para el caso 2
Romper ;
Por defecto :
// Código que se ejecuta cuando
ninguno de los casos coincide
}
```

circulos :

Los círculos son muy importantes para esfuerzos más oscuros en programación. JavaScript ofrece dos tipos principales:

para círculos: se utilizan cuando sabes cuántas veces quieres repetir un bloque de código.

```
javascript
Copiar código
para (sea I = 0; i < 5; i++) {
// código de repetición múltiple
}
```

círculos while: son útiles cuando desea recorrer un bloque de código hasta que se permita una condición.

```
javascript
Copiar código
mientras (condición) {
// Código para repetir sin importar cuánto tiempo la condición sea esencial
}
```

Trabajar con paquetes y círculos:

Los grupos son arreglos de datos en JavaScript. Puedes usar círculos para enfatizar las partes de un paquete. Por ejemplo, para recorrer una pantalla y realizar un movimiento para cada parte:

```javascript
Copiar código

myArray[i] accede a cada parte
// Código para manejar cada parte
}
```

Por otro lado, puedes utilizar un círculo for...of para obtener una técnica más limpia y clara de calentamiento por haces:

```javascript
Copiar código
for (parte constante de myArray) {
// Código para gestionar cada parte
```

}

Confío que esta información te ayude en tu trabajo de estructura y difusión. Si realmente necesita más matices sobre cualquiera de estos temas o tiene solicitudes específicas, no dude en preguntar.

Caracterización de las habilidades y su significado:

En JavaScript, una función es un bloque de código al que se le puede nombrar y reutilizar. Desempeñan un papel esencial en la compilación y modularización de su código. Las funciones le permiten incorporar un beneficio específico, haciendo que su código sea más claro y utilizable. Caracterizan una habilidad usando la etiqueta de habilidad, seguida de un nombre y un conjunto de archivos adjuntos. Por ejemplo:

```javascript
Código duplicado
Saludo de habilidad (nombre) {
devolver "Hola, " + nombre + "!";
}
```

Límites y contradicciones en las capacidades:

Los límites son como marcadores de posición para los valores que debes pasar a una capacidad. En el modelo anterior, el nombre es un límite. Cuando declaras la habilidad, estás declarando propiedades reales, llamadas afirmaciones. Por ejemplo:

```javascript
Código duplicado
dejar mensaje = Saludar("Alicia");
```

En esta situación, "Alice" es la candidata por el límite del nombre. Así es como se pasa información a una función para que pueda trabajar con ella.

Traer proclamaciones:

La declaración de retorno se utiliza para especificar qué debe devolver una función más adelante. Esta es una cuestión de criterio, pero sigue siendo importante si cree que sus habilidades deberían conducir a un resultado. Por ejemplo:

```javascript
Código duplicado
habilidad agregar(a, b) {
devolver a + b;
}
dejar resultado = agregar(5, 3); // El resultado actualmente es 8
Extensión y perceptibilidad variable en JavaScript:
```

El alcance indica dónde están disponibles los factores. JavaScript tiene dos alcances principales:

global y local. Los factores más allá de todas las posibilidades están disponibles en todo el mundo y se puede acceder a ellos desde cualquier lugar de su código. Los factores establecidos dentro de una función son locales y deben usarse dentro de esa función.

javascript
Código duplicado
let globalVar = "Soy global";

Ejemplo de capacidadFunción() {
let localVar = "Estoy cerca";
console.log(globalVar);//   Esto funciona
consola.log(localVar);   //   Eso también funciona
}

console.log(globalVar);//   Esto funciona

```
consola.log(localVar);     //     Esto
resulta en un error
```

Comprender estas ideas es fundamental para crear código JavaScript eficaz y utilizable, lo cual es especialmente importante al crear scripts para sus proyectos de ventas o creación.

Artículos y clusters en JavaScript:

En JavaScript, los artículos y los grupos son estructuras de información básicas que se utilizan para ordenar y controlar la información.

Objetos:

Un elemento en JavaScript es una colección de coincidencias clave de estima. Es una estructura de información flexible que puede contener diferentes tipos de información.

Puedes crear un artículo con soportes ondulados como este:

javascript

Código duplicado

```
dejar individuo = {
Nombre: "Juan",
Edad: 30,
```

Llamada: "Autor"
};
Acceda a los valores dentro de un artículo utilizando documentación puntual (persona.nombre) o documentación de sección (persona['nombre']).
Matrices:

Un grupo es una colección ordenada de valores. En JavaScript, las exhibiciones pueden contener una combinación de diferentes tipos de información.
Puedes crear una exposición con secciones cuadradas como esta:
javascript
Código duplicado
let tonos = ["rojo", "verde", "azul"];
Acceda a los componentes de un clúster utilizando su archivo, comenzando en 0 (por ejemplo, "colores[0]" es igual a "rojo").

Elaboración y trabajo con artículos:

Para crear un artículo, lo caracterizas con soportes ondulados y lo llenas con coincidencias de valor clave.

Puede utilizar documentación puntual o documentación de sección para agregar, personalizar o eliminar propiedades en un artículo.

Por ejemplo, para agregar otra propiedad:

javascript

Código duplicado

persona.ciudad = "Nueva York";

Para eliminar una propiedad:

javascript

Código duplicado

eliminar persona.ocupación;

Crear y trabajar con clústeres:

Crea una exposición caracterizándola con secciones cuadradas y llenándola de valores. Puede agregar, eliminar o modificar componentes en una exposición.

Para agregar un componente al final de un clúster:

javascript

Código duplicado

```
colores.push("amarillo");
```

Para eliminar el último componente:

javascript

Código duplicado

```
colores.pop ( );
```

1. Conceptos básicos de la programación orientada a objetos (OOP):
2. La escritura de programas informáticos orientados a objetos es una visión del

mundo de la programación que utiliza objetos para estructurar y abordar la información y el comportamiento. Las ideas clave de programación orientada a objetos incluyen:

3. Clases y artículos: Las clases caracterizan Los planes para protestas interminables son ocasiones de clases.

4. Herencia: las subclases pueden adquirir propiedades y estrategias de una clase principal.

5. Encapsulación: empaquetar información y estrategias en objetos y ocultar las complejidades internas desde una perspectiva externa.

6. Polimorfismo: los objetos de diferentes clases pueden

tratarse como objetos de una superclase típica.

7. En JavaScript, puedes hacer programación orientada a objetos usando modelos o clases ES6 más modernas.

8. Espero que esto proporcione una descripción detallada de los elementos, clústeres y programación orientada a objetos en JavaScript para sus necesidades de composición y distribución. Suponiendo que desee más datos punto por punto o tenga solicitudes específicas, simplemente pregunte.

Prólogo al modelo de elementos de informe (DOM)

El modelo de elementos de informe, a menudo denominado DOM, es una idea importante en la mejora web. Se trata de crear una página de sitio como un árbol de artículos de varios niveles que nos permite acceder y controlar el contenido y el diseño de una página de sitio. Básicamente, actúa como un proxy entre el contenido de un sitio web y los dialectos de programación utilizados para conectarse a él, como por ejemplo: Por ejemplo, JavaScript.

Papel del DOM en el desarrollo web

El DOM juega un papel importante en la mejora web dado varios factores:

Apertura del contenido web: proporciona una presentación organizada del contenido del sitio web y lo hace abierto al contenido y dialectos de programación. Esta apertura es la base de las aplicaciones web dinámicas.

Control dinámico de sustancias: el DOM le permite cambiar incrementalmente la sustancia y el diseño de una página de sitio web sin necesidad de actualizar la página completa. Esto es fundamental para crear aplicaciones web inteligentes y responsivas.

Intuitividad de la interfaz de usuario: Considera la consideración de eventos, permitiendo la creación de interfaces de usuario inteligentes. Eventos como instantáneas, movimientos del mouse y fuentes de datos de la consola pueden desencadenar actividad y hacer que las aplicaciones web sean realmente interesantes.

Recuperación y colocación de información: El DOM permite la recuperación de información de estructuras web y su colocación en servidores. Esta es una parte fundamental del trabajo con clientes, como enviar estructuras o colaborar con conjuntos de datos.

Seleccionar y controlar componentes HTML usando JavaScript

- JavaScript es el lenguaje esencial para colaborar con el DOM. Para seleccionar y controlar componentes HTML con JavaScript:

- Seleccionar componentes: puede seleccionar componentes utilizando técnicas como getElementById, getElementsByClassName o Query Selector para apuntar específicamente a componentes explícitos en la página.

- Personalizar contenido: cuando se selecciona un componente, puede cambiar su contenido, créditos y estilo usando JavaScript. Por ejemplo, cambiar el texto de un pasaje o actualizar el tono de una sección.

- Crear componentes: puede crear y agregar nuevos componentes a la página. Esto es útil para la producción incremental de contenido.

Mantenimiento de eventos con JavaScript

- Lidiar con las ocasiones es una parte fundamental del desarrollo web. JavaScript le permite responder a las colaboraciones de los clientes a través de miembros de la audiencia del evento. Este es el secreto celosamente guardado:

- Agregar miembros de la audiencia del evento: puede adjuntar miembros de la audiencia del evento a componentes HTML para sintonizar eventos como instantáneas, pulsaciones de teclas o movimientos del mouse.

- Funciones de gestión de eventos: cuando ocurre un evento, se ejecuta una función de JavaScript. Esta función puede realizar diversas actividades, desde simples alertas hasta procesamiento de información complejo.

- Evitar actividades predeterminadas: también puede evitar el comportamiento predeterminado de los eventos. Por ejemplo, puede evitar que se envíe una estructura cuando se hace clic en un botón.

- Considerándolo todo, el DOM es la base para el desarrollo web y proporciona un método organizado para colaborar y controlar el contenido web. Es por eso que JavaScript es el lenguaje más importante que le permite crear aplicaciones web dinámicas e inteligentes mediante la determinación, el control y el procesamiento de componentes. Esta combinación de innovaciones permite a los diseñadores crear experiencias web conectadas y fáciles de usar.

Investigar y solucionar problemas

En el campo de la codificación, la resolución de problemas y la gestión de errores son habilidades esenciales para cualquier desarrollador o diseñador de software. Estas prácticas ayudan a identificar y determinar problemas y también a garantizar que el producto que produce funcione como se espera.

Errores de codificación normales:

- Errores de puntuación: estos son los errores más básicos en los que es posible que no recuerdes un punto y coma o escribas mal el nombre de una variable . Los errores gramaticales suelen ser fáciles de detectar y corregir.

- Errores coherentes: Son más difíciles de distinguir porque no necesariamente se deben a errores. Los errores coherentes ocurren cuando su código no produce el resultado normal debido a cálculos incompletos o información incorrecta.

- Lectura variable: abusar de los grados variables puede conducir a un comportamiento sorprendente. Los factores globales pueden entrar en conflicto con los factores vecinales y causar problemas.

- Errores de clúster y de archivos: acceder a un componente inexistente de una pantalla o utilizar un archivo incorrecto puede provocar errores de tiempo de ejecución.

- Uso de dispositivos de programación para solucionar problemas:

- Las mejoras web actuales a menudo implican corregir el código JavaScript en el programa. Los dispositivos de desarrollo de programas como los de Chrome o Firefox son buenas guías en este ciclo. Puede establecer puntos de interrupción, verificar factores y revisar su código para identificar y solucionar problemas. Estos dispositivos también muestran mensajes de error y registros del centro de control para ayudarle a comprender qué salió mal.

Pruebe... Solución de problemas de JavaScript:

JavaScript proporciona la declaración try...catch para eliminar errores fatales. Este es el secreto celosamente guardado:

```javascript
Código duplicado
Intentar {
// Código que podría causar un error
} obtener (error) {
// Código para corregir el error
}
```

Colocas el código que podría causar un error en el bloque try. Si ocurre un error, se detecta y la ejecución salta al bloque catch donde puede corregir el error rápidamente. Esto es particularmente útil para administrar solicitudes de red, registrar E/S u otras actividades que podrían detenerse.

En resumen, es importante que todo programador solucione problemas y solucione los errores. Comprender los errores de codificación comunes, usar herramientas de programación y compilaciones como try...catch en JavaScript lo ayudará a codificar de manera más confiable y sin errores. En realidad, se trata de encontrar y corregir estos errores de manera efectiva para transmitir un código excelente.

Apilar contenido externo:

Apilar scripts externos es una parte esencial de la mejora web. Esto incluye la integración de conjuntos de datos JavaScript externos en su sitio. Esto debería ser posible en el informe HTML utilizando la etiqueta <script> con una calidad segura centrada en la URL del contenido externo. Este contenido se puede publicar en CDN (CDN) o en su propio servidor. Le permiten ampliar la utilidad de la página de su sitio web mediante la consolidación de bibliotecas prediseñadas o códigos personalizados.

Realizar solicitudes AJAX:

AJAX (JavaScript y XML poco convencionales) es un método para no realizar solicitudes simultáneas a un servidor desde la página de un sitio. Esto es crucial para crear aplicaciones web dinámicas e inteligentes. Los periodistas pueden encontrar esto útil ya que trata sobre la innovación detrás de las aplicaciones web actuales y puede ser un tema importante para su lectura. Las solicitudes AJAX generalmente se crean usando JavaScript, lo que permite restaurar o enviar información desde un servidor sin necesidad de actualizar la página completa.

Manejo de reacciones de API:

Las API (puntos de conexión de programación de aplicaciones) son grupos de decisiones y convenciones que permiten que diferentes aplicaciones de programación se comuniquen entre sí. Este es un tema importante para un ensayista y editor porque las API se utilizan en muchas empresas. Si bien los requisitos se imponen a la interfaz de programación, la respuesta de la interfaz de programación puede ocurrir en varias configuraciones, p. B. JSON o XML. Es posible que los periodistas necesiten comprender cómo analizar y utilizar la información obtenida de las API en sus artículos.

Es importante enfatizar que estas cuestiones están interrelacionadas. Apilar scripts externos a menudo implica crear solicitudes AJAX para recuperar ese contenido de un servidor. Las API se utilizan normalmente para restaurar información o realizar actividades en servidores distantes. A menudo incluyen solicitudes AJAX para enviar y recuperar información.

1. let y const:

ES6 introdujo dos nuevas opciones para los factores de proclamación: let y const. A diferencia del antiguo principio var, let y const tienen un grado de nivel de bloque, lo que evita derrames de variables y cambios accidentales. const se utiliza para declarar constantes cuyos valores no se pueden reasignar.

2. Trabajo con tornillos:

Las obras de Bolt proporcionan una estructura lingüística compacta a las habilidades de escritura. Son especialmente valiosos para habilidades misteriosas y proporcionan una declaración más segura sobre esta limitación. Por ejemplo:

```javascript
Código duplicado
constante duplicado = (a, b) => a * b;
```

3. Literales de diseño:

Los literales de diseño le permiten crear cadenas con articulaciones instaladas. Esto mejora la unión y adición de cadenas. Usan comillas invertidas() para caracterizar los literales de diseño y los comodines están encerrados en ${}'.

javascript
Código duplicado
nombre constante = "Juan";
const saludo = '¡Hola, ${nombre}! `;
4. Tarea de desestructuración:
La desestructuración le permite extraer valores de exhibiciones u objetos y asignarlos a factores. Esto puede hacer que el código sea más conciso y descifrable.

javascript
Código duplicado
constante[x, y] = [1, 2]; // x = 1, y = 2

5. Lecciones:

ES6 presentó gramática de clases para producir elementos y caracterizar constructores, técnicas y propiedades. Es una forma más organizada de trabajar con funciones y modelos.

```javascript
Código duplicado
clase individual {
constructor(nombre) {
this.nombre = Nombre;
}
bienvenido( ) {
return 'Hola, mi nombre es ${this.name}';
}
}
```

6. Módulos:

ES6 introdujo un marco de módulo que le permite importar y producir funciones, clases y factores. Esto mejora la calidad medida de su código.

javascript
Código duplicado
// Mandar _
enviar const agregar = (a, b) => a + b;

// Traer
importar {agregar} desde './math';
Estos son sólo algunos de los aspectos más destacados de ES6. Incluyó numerosas mejoras diferentes en JavaScript, convirtiéndolo en un lenguaje más potente y expresivo. ES6 se ha convertido en el estándar para el desarrollo actual de JavaScript y se utiliza ampliamente tanto en el desarrollo frontend como en el backend.

Crear una aplicación web específica usando JavaScript

A medida que envejecemos, la capacidad de crear aplicaciones web es un objetivo importante. Si usted es un autor o editor que busca revitalizar su presencia en la web, o simplemente no está seguro, crear un sitio importante puede ser una gran oportunidad. Esta guía lo guiará a través de los pasos esenciales para crear una aplicación web sólida utilizando JavaScript.

1. Configurando tu escenario ininterrumpido:

Antes de entrar en el código, asegúrese de tener instalado en su PC un administrador de sustancias como Visual Studio Code o Grandiose Message. Estos editores ofrecen una visión especialmente clara de la creación y gestión de su código.

2. Mejora de HTML:

Cada página del sitio comienza con HTML. Comience creando un registro HTML y represente el diseño real de su sitio web en él utilizando nombres HTML. Aquí hay un acuerdo esencial:

HTML
Copiar código

```
<! TIPO DE DOCUMENTO html>
<html> _ _
<cabeza> _ _
<!-- Tu sustancia vendrá aquí - - >
```

```
</cuerpo>
</html>
```

3. Agregue JavaScript:

Para agregar datos a su página necesita JavaScript. Crea otro nombre feliz en la sección <head> del registro HTML y agrega tu código JavaScript:

HTML
Copiar código

```
<guión> __
// Tu código JavaScript aparecerá aquí
</script>
```

4. Construcción: Consíguelo:

Deberíamos agregar una representación central del significado. Supongamos que realmente necesita crear un botón que cambie el texto cuando se hace clic en él. Puede hacer esto seleccionando una parte HTML y cambiando su contenido. Aquí hay un modelo:

HTML
Copiar código

```
<guión> __
límite de cambio de texto () {
document.getElementById("conteni
do"). InnerHTML = "¡El texto ha
sido cambiado!";
}
</script>
```

Además en el cuerpo HTML:

HTML
Copiar código

5. Pruebe su aplicación web:

Abra su registro HTML en un programa web para ver su aplicación web y tener todo en cuenta. Cuando tocas el botón, el texto debería cambiar tal como aparece en tu límite de JavaScript.

Esto es sólo una pequeña parte de algo más fundamental sobre la mejora web. Esto también le permite conectarse a su aplicación web profundizando en HTML, CSS para diseño y otra estrategia de JavaScript. Internet es un vasto recurso para actividades y documentación interesantes.

- Código limpio: un manual de programación ágil de Robert C. Martin: este libro enfatiza la creación de código limpio y utilizable, una habilidad importante para los diseñadores.

- JavaScript: The Great Parts de Douglas Crockford: si está interesado en el desarrollo web, este libro se centra en las técnicas comunes y las partes importantes de JavaScript.

- "Ejemplos de configuración: componentes de la programación de elementos reutilizables" de Erich Gamma, Richard Steerage, Ralph Johnson y John

Vlissides: este libro ejemplar aborda diseños de configuración que son fundamentales para el avance de la programación.

- Sitios:

- Stack Flood: una herramienta esencial para que los ingenieros aclaren cuestiones urgentes y encuentren respuestas a problemas comunes y complejos.

- GitHub: un escenario para facilitar y colaborar en el código. Es un lugar excepcional para descubrir proyectos de código abierto, contribuir y colaborar con diversos diseñadores.

- Documentos web de MDN: la organización de ingenieros de Mozilla proporciona documentación completa sobre los avances web que es particularmente útil para los diseñadores web.

- Cursos online:

- Coursera: ofrece cursos sobre diversos dialectos de programación, mejora web y temas de ingeniería de software.

- edX: Ofrece cursos de universidades e instituciones sobre muchos temas especializados.

- Udemy: destaca una gran selección de seminarios sobre codificación, mejora web y codificación.

Conclusión :

Resuma los puntos de acción clave. Anime a los aficionados a seguir ensayando y explorando JavaScript.

Positivo: ¿Qué tal si concluimos nuestra conversación sobre JavaScript y animamos a los aficionados a mejorar aún más sus habilidades en este lenguaje flexible?

JavaScript es un lenguaje de programación central que se utiliza a menudo para mejorar la web. A lo largo de nuestra discusión, examinamos perspectivas clave que incluyen tipos de información, funciones y el modelo de elementos de informe (DOM). Los principiantes deben recordar algunos puntos importantes al ingresar al mundo de la programación JavaScript:

Versatilidad: JavaScript no es sólo para mejorar la web. Puede usarlo para la preparación del lado del servidor (Node.js), la mejora de aplicaciones portátiles y, sorprendentemente, en la Web de las cosas (IoT).

Comience de manera simple: si recién está comenzando, concéntrese en los aspectos prácticos. Comprender los factores, los tipos de información y cómo combinar las habilidades. Estos son los bloques estructurales de JavaScript.

Autoridad DOM: descubrir cómo controlar el DOM es fundamental para la evolución de la web. De esta manera creas páginas intuitivas y dinámicas.

mejor a través del entrenamiento. Escribir código de forma constante y cometer errores es la forma de aprender.

Vue y bibliotecas como jQuery para investigar. Podrás hacer más efectivas tus tareas de mejora.

Manténgase informado: El universo de la mejora web está en constante evolución. Manténgase actualizado sobre los aspectos más destacados y las mejores prácticas de JavaScript para seguir siendo relevante en el campo.

www.ingramcontent.com/pod-product-compliance
Lightning Source LLC
Chambersburg PA
CBHW061010260726
48661CB00005B/2146